Impressum
Verlag: BABADADA GmbH, Nedderfeld 112 , 22529 Hamburg
Geschäftsführer / Verlagsleitung: Harald Hof
Druck: Books on Demand GmbH, In de Tarpen 42, 22848 Norderstedt

Imprint
Publisher: BABADADA GmbH, Nedderfeld 112 , 22529 Hamburg, Germany
Managing Director / Publishing direction: Harald Hof
Print: Books on Demand GmbH, In de Tarpen 42, 22848 Norderstedt

okul
学校

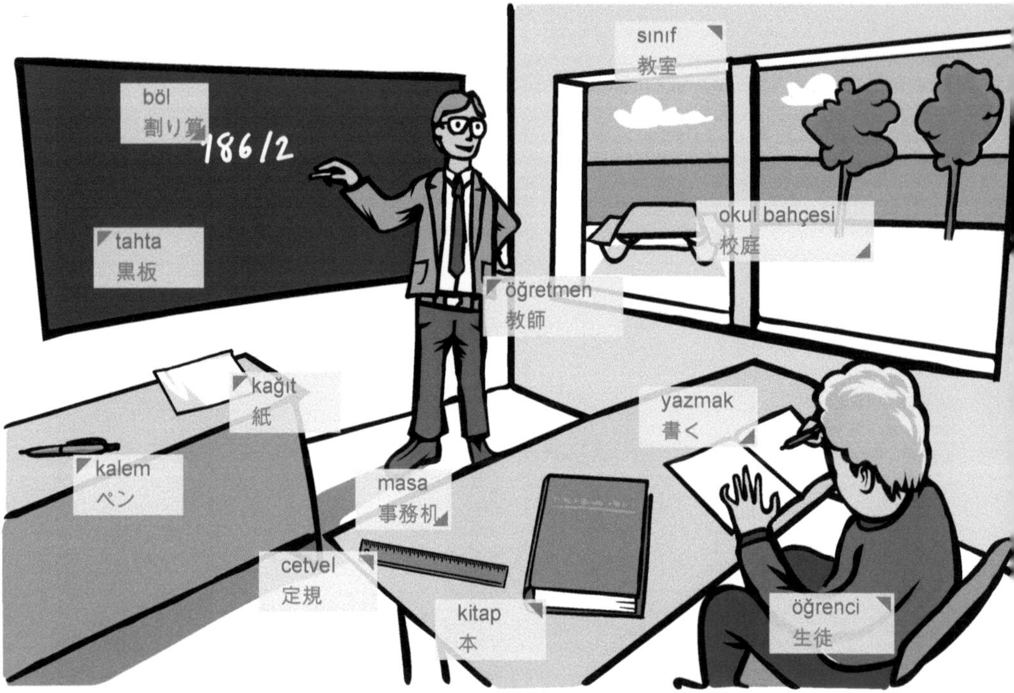
sınıf
教室
böl
割り算
186/2
tahta
黒板
okul bahçesi
校庭
öğretmen
教師
kağıt
紙
yazmak
書く
kalem
ペン
masa
事務机
cetvel
定規
kitap
本
öğrenci
生徒

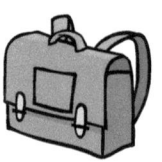

okul çantası

ランドセル

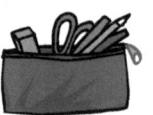

kalemlik

筆入れ

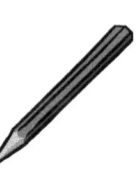

kurşun kalem

鉛筆

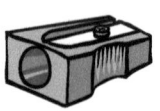

kalem açacağı

鉛筆削り

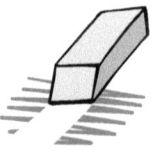

silgi

消しゴム

çizim defteri

スケッチブック

çizim

スケッチ

resim fırçası

絵筆

boya kutusu

絵の具箱

makas

はさみ

tutkal

接着剤

alıştırma kitabı

練習帳

ödev

宿題

12

sayı

数

2+2

ekle

足し算

5-2

çıkar

引き算

2×2

çarp

かけ算

hesapla

計算する

A

harf

文字

ABCDEFG
HIJKLMN
OPQRSTU
VWXYZ

alfabe

アルファベット

hello

kelime

単語

metin

テキスト

okumak

読む

tebeşir

チョーク

ders

授業

kayıt

学級日誌

sınav

試験

sertifika

通知表

okul forması

制服

eğitim

教育

ansiklopedi

百科事典

üniversite

大学

mikroskop

顕微鏡

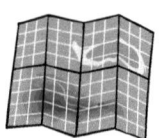

harita

地図

kağıt çöp kutusu

ごみ箱

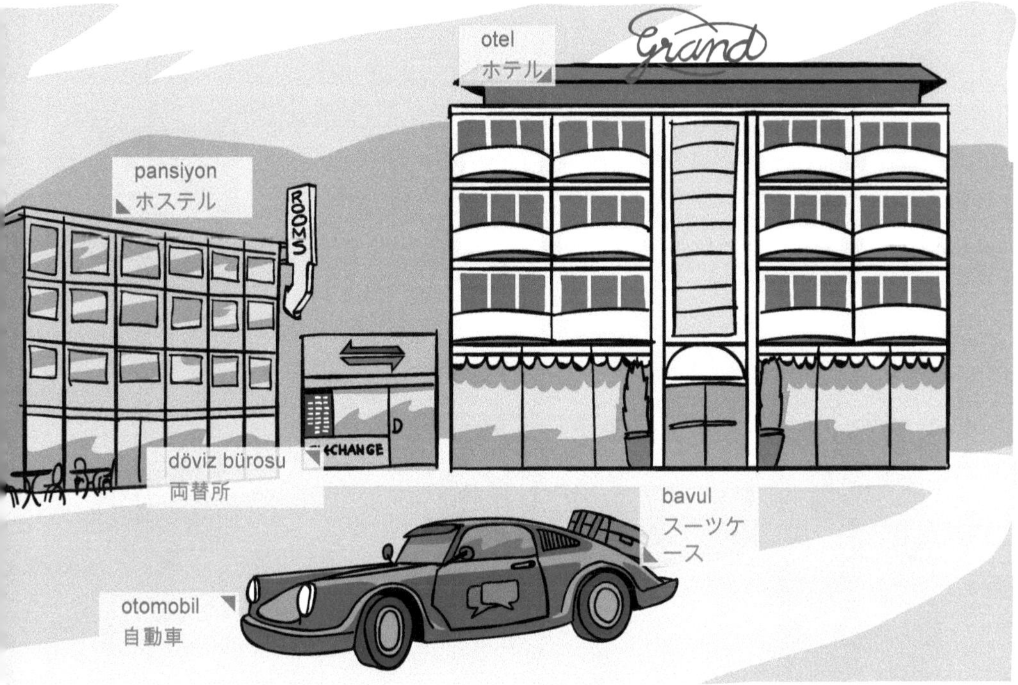

otel
ホテル
Grand
pansiyon
ホステル
ROOMS
döviz bürosu
両替所
bavul
スーツケース
otomobil
自動車

dil
言語

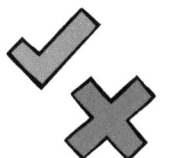

evet / hayır
はい / いいえ

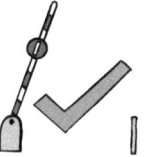

Tamam
問題ない

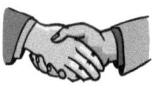

merhaba
ハロー

çevirmen
翻訳者

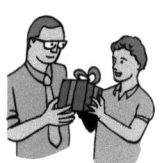

Teşekkür ederim
ありがとう

bu ... ne kadar?
...はいくらですか？

anlamadım
わかりません

problem
問題

İyi akşamlar!
こんばんは！

Günaydın!
おはようございます！

İyi geceler!
おやすみなさい！

güle güle
さようなら

yön
方向

bagaj
手荷物

çanta
バッグ

sırt çantası
リュックサック

misafir
お客様

oda
部屋

uyku tulumu
寝袋

çadır
テント

turist danışma

旅行者情報

sahil

ビーチ

kredi kartı

クレジットカード

kahvaltı

朝食

öğle yemeği

昼食

akşam yemeği

夕食

Bilet

チケット

asansör

エレベーター

pul

スタンプ

sınır

境界

gümrük

税関

elçilik

大使館

vize

ビザ

pasaport

パスポート

ulaşım

輸送

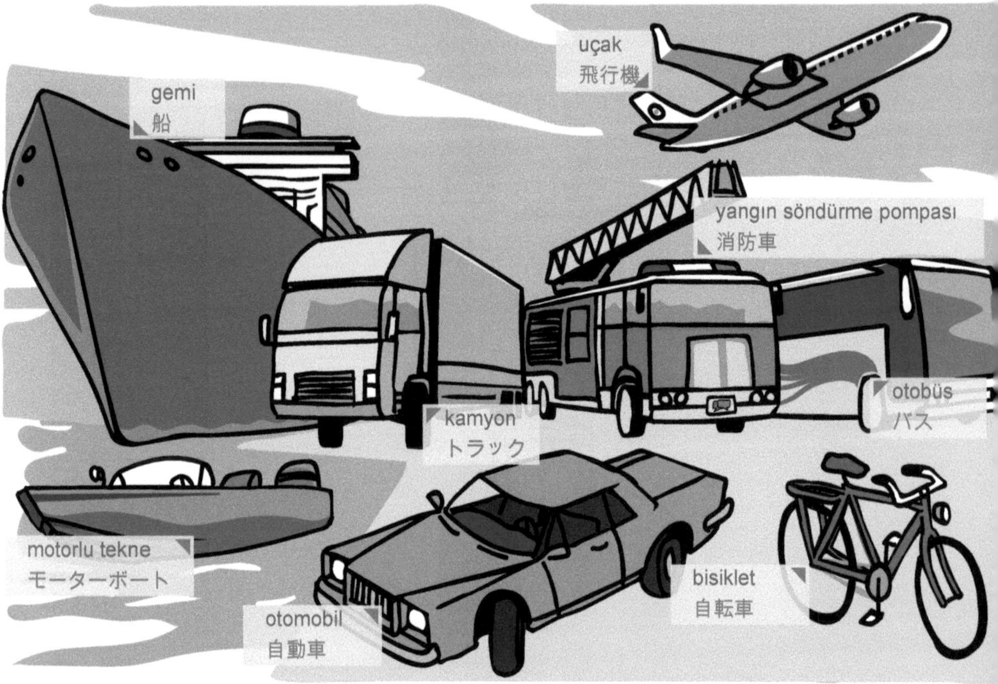

uçak
飛行機
gemi
船
yangın söndürme pompası
消防車
otobüs
バス
kamyon
トラック
motorlu tekne
モーターボート
bisiklet
自転車
otomobil
自動車

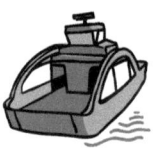

feribot

フェリー

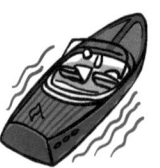

bot

ボート

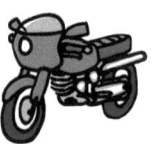

motosiklet

バイク

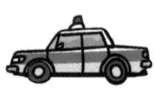

polis arabası

パトカー

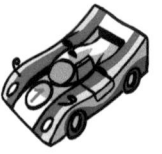

yarış arabası

レーシングカー

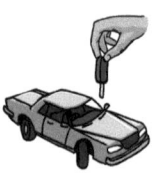

kiralık araba

レンタカー

ortak araba

カーシェアリング

çekici

レッカー車

çöp kamyonu

ごみ収集車

motor

モーター

yakıt

燃料

benzinlik

ガソリンスタンド

trafik işareti

交通標識

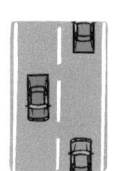

trafik

交通

trafik sıkışıklığı

渋滞

otopark

駐車場

tren istasyonu

駅

ray

道

tren

列車

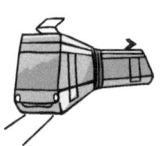

tramvay

路面電車

vagon

車両

helikopter

ヘリコプター

havaalanı

空港

kule

タワー

yolcu

乗客

konteyner

コンテナ

koli

段ボール箱

yük arabası

カート

sepet

カゴ

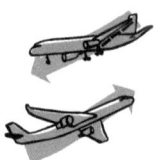

kalkış / iniş

離陸 / 着陸

şehir

都市

köy

村

şehir merkezi

都心

ev

家

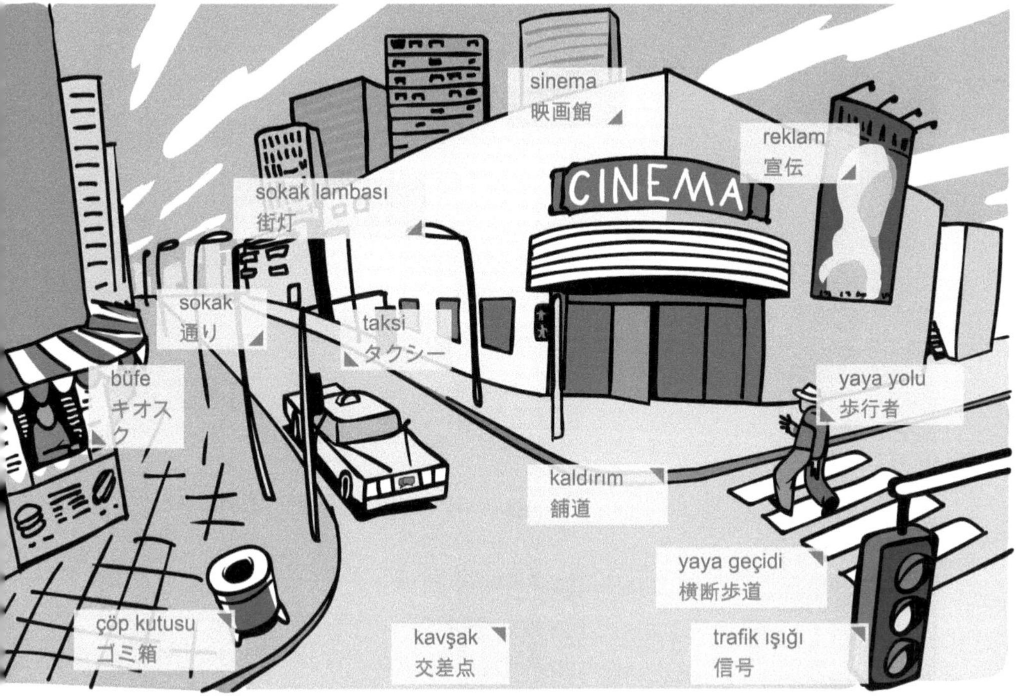

sinema
映画館
reklam
宣伝
CINEMA
sokak lambası
街灯
sokak
通り
taksi
タクシー
büfe
キオスク
yaya yolu
歩行者
kaldırım
舗道
yaya geçidi
横断歩道
çöp kutusu
ゴミ箱
kavşak
交差点
trafik ışığı
信号

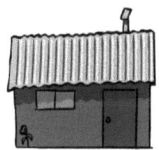

kulübe

小屋

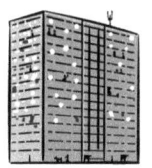

apartman dairesi

アパート

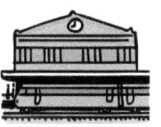

tren istasyonu

駅

belediye binası

市役所

MUSEUM

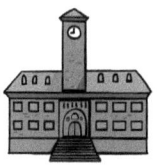

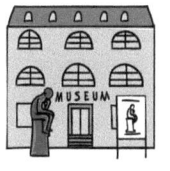

müze

美術館

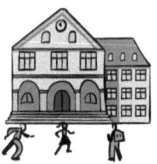

okul

学校

üniversite

大学

banka

銀行

hastane

病院

otel

ホテル

eczane

薬局

ofis

オフィス

kitapçı

書店

mağaza

ショップ

çiçekçi

花屋

süpermarket

スーパーマーケット

market

市場

büyük mağaza

デパート

balık satıcısı

魚屋

alışveriş merkezi

ショッピングセンター

liman

港

park

公園

bank

ベンチ

köprü

橋

merdiven

階段

metro

地下鉄

tünel

トンネル

otobüs durağı

バス停

bar

バー

restoran

レストラン

posta kutusu

ポスト

sokak tabelası

道路標識

otopark sayacı

パーキングメーター

hayvanat bahçesi

動物園

yüzme havuzu

スイミングプール

cami

モスク

çiftlik

農場

kirlilik

汚染

mezarlık

墓地

kilise

教会

oyun alanı

遊び場

tapınak

寺

arazi

風景

yaprak
葉

yön tabelası
道標

yol
道

çayır
草地

taş
石

ağaç
木

yürüyüşçü
ハイカー

ırmak
川

çimen
草

çiçek
花

vadi
谷

tepe
山

göl
湖

orman
森

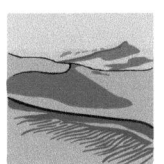

çöl
砂漠

volkan
火山

kale
城

gökkuşağı
虹

mantar
キノコ

palmiye
ヤシの木

sivrisinek
蚊

sinek
ハエ

karınca
蟻

arı
ミツバチ

örümcek
クモ

böcek

カブトムシ

kurbağa

蛙

sincap

リス

kirpi

ハリネズミ

yabani tavşan

ウサギ

baykuş

フクロウ

kuş

鳥

kuğu

白鳥

yaban domuzu

雄豚

geyik

鹿

geyik

ヘラジカ

baraj

ダム

rüzgar türbini

風力タービン

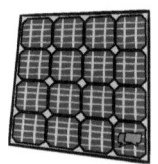

güneş paneli

ソーラーパネル

iklim

気候

restoran
レストラン

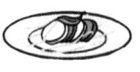

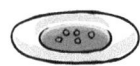

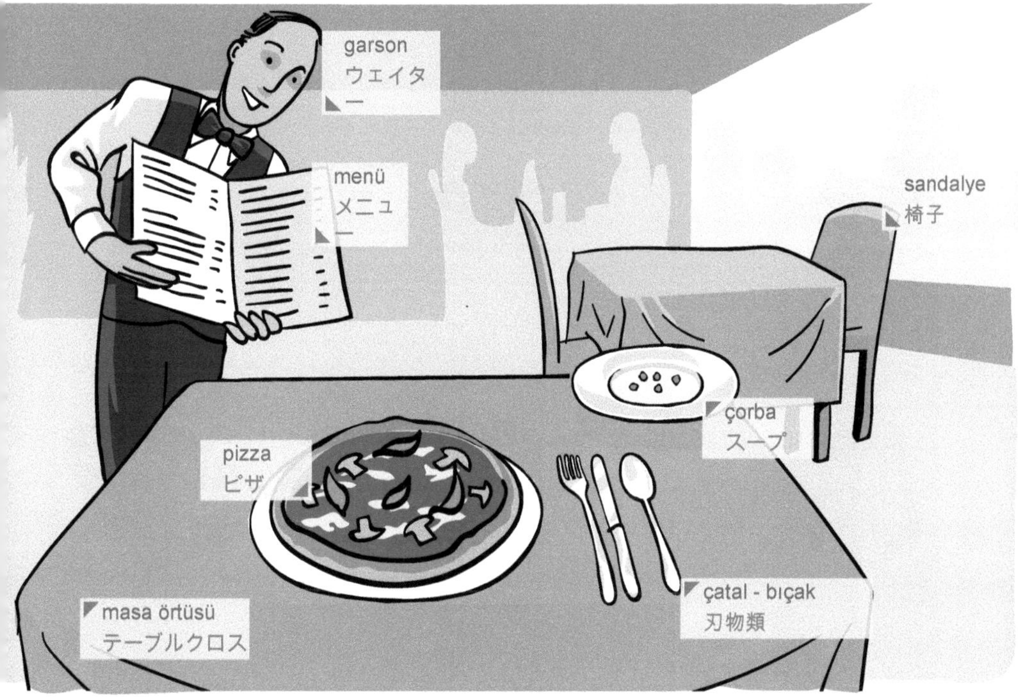
garson
ウェイター
menü
メニュー
sandalye
椅子
çorba
スープ
pizza
ピザ
masa örtüsü
テーブルクロス
çatal - bıçak
刃物類

başlangıç

前菜

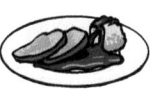

ana yemek

メインコース

tatlı

デザート

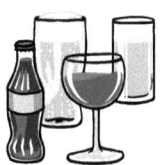

içecekler

飲み物

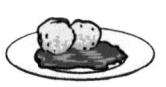

yemek

食べ物

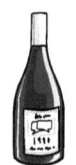

şişe

ボトル

fastfood

ファストフード

sokak yemeği

屋台の食べ物

çaydanlık

ティーポット

şekerlik

砂糖入れ

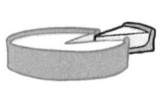

porsiyon

一人前

espresso makinesi

エスプレッソマシン

mama sandalyesi

幼児用食事椅子

fatura

請求書

tepsi

トレー

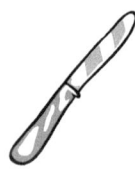

bıçak

ナイフ

çatal

フォーク

kaşık

スプーン

çay kaşığı

ティースプーン

servis peçetesi

ナプキン

bardak

グラス

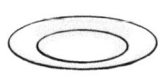

tabak

皿

çorba kasesi

スープ皿

fincan altlığı

受け皿

sos

ソース

tuzluk

塩入れ

karabiber değirmeni

ペッパーミル

sirke

酢

yağ

油

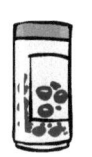

baharat

スパイス

ketçap

ケチャップ

hardal

マスタード

mayonez

マヨネーズ

özel teklif
特価品

müşteri
顧客

süt ürünleri
乳製品

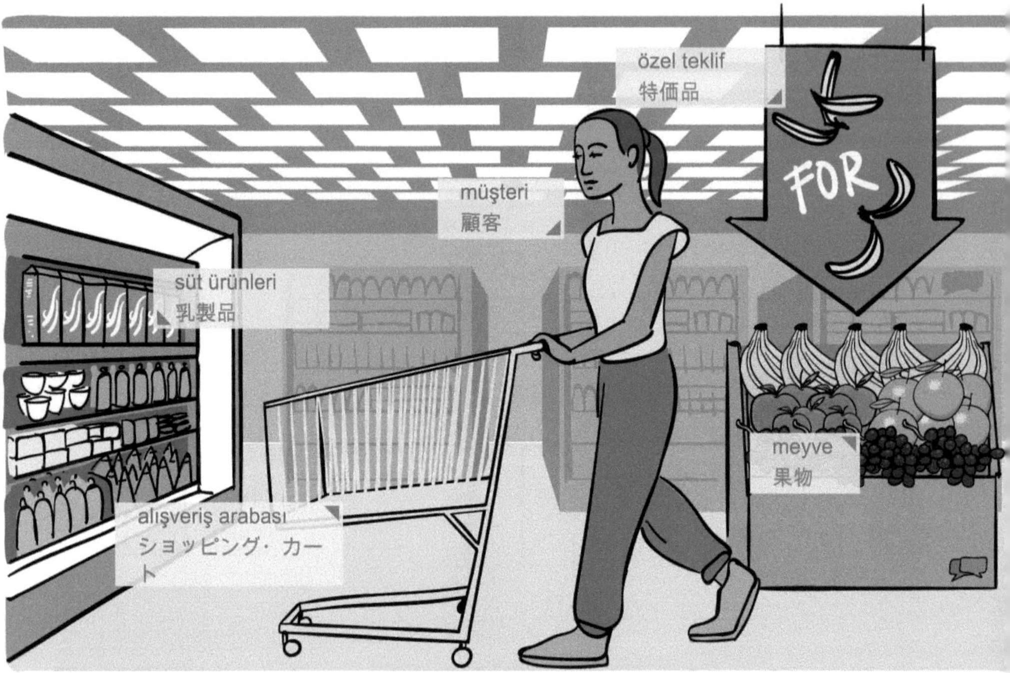

meyve
果物

alışveriş arabası
ショッピング・カート

FOR

kasap	fırın	tartmak
肉屋	パン屋	重さをはかる
	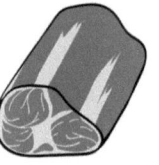	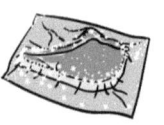
sebze	et	donmuş gıda
野菜	肉	冷凍食品

söğüş et

冷肉の薄切り

konserve yiyecek

缶詰食品

toz deterjan

洗剤

şekerlemeler

菓子

ev temizlik ürünleri

家庭用品

temizlik ürünleri

清掃用品

satış görevlisi

販売員

yazar kasa

現金箱

kasiyer

レジ係

alışveriş listesi

買い物リスト

açılış saatleri

開館時刻

cüzdan

財布

kredi kartı

クレジットカード

çanta

バッグ

plastik poşet

ポリ袋

su
水

meyve suyu
ジュース

süt
牛乳

kola
コーラ

şarap
ワイン

bira
ビール

alkol
アルコール

kakao
ココア

çay
紅茶

kahve
コーヒー

espresso
エスプレッソ

kapuçino
カプチーノ

muz

バナナ

elma

リンゴ

portakal

オレンジ

kavun

メロン

limon

レモン

havuç

ニンジン

sarımsak

ニンニク

bambu

竹

soğan

玉ねぎ

mantar

キノコ

çerez

ナッツ

makarna

ヌードル

spagetti

スパゲッティ

pirinç

米

salata

サラダ

cips

フライドポテト

patates kızartması

フライドポテト

pizza

ピザ

hamburger

ハンバーガー

sandviç

サンドウィッチ

şinitzel

カツレツ

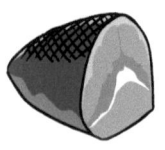

pastırma

ハム

salam

サラミ

sosis

ソーセージ

tavuk

鶏肉

rosto

焼き

balık

魚

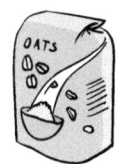

yulaf ezmesi

麦のお粥

müsli

ムーズリ

mısır gevreği

コーンフレーク

un

小麦粉

kruvasan

クロワッサン

küçük ekmek

ロールパン

ekmek

パン

tost

トースト

bisküvi

ビスケット

tereyağı

バター

kaymak

カッテージチーズ

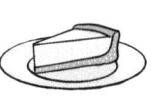

kek

ケーキ

yumurta

卵

sahanda yumurta

目玉焼き

peynir

チーズ

dondurma

アイスクリーム

şeker

砂糖

bal

はちみつ

reçel

ジャム

fındık ezmesi

ヌガークリーム

köri

カレー

çiftlik evi
農家

tahıl ambarı
納屋

sap toplama makinesi
ストローベール

tarla
畑

at
馬

römork
トレーラー

traktör
トラクター

tay
子馬

eşek
ロバ

kuzu
子羊

koyun
羊

keçi

ヤギ

inek

雌牛

buzağı

子牛

domuz

豚

domuz yavrusu

子豚

boğa

雄牛

kaz
ガチョウ

ördek
アヒル

civciv
ひよこ

tavuk
にわとり

horoz
おんどり

sıçan
ネズミ

kedi
猫

fare
ねずみ

öküz
雄牛

köpek
犬

köpek kulübesi
犬小屋

bahçe hortumu
散水ホース

sulama kabı
じょうろ

tırpan
大鎌

pulluk
すき

orak

草刈り鎌

çapa

くわ

dirgen

堆肥用フォーク

balta

斧

el arabası

手押し車

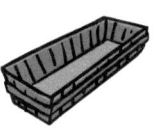

yemlik

かいばおけ

süt kovası

牛乳缶

çuval

袋

çit

フェンス

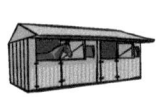

ahır

畜舎

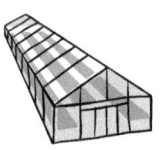

sera

温室

toprak

土壌

tohum

種

gübre

肥料

biçerdöver

コンバイン

hasat etmek

収穫する

harman

収穫

tatlı patates

ヤマイモ

buğday

小麦

soya

大豆

patates

じゃがいも

mısır

トウモロコシ

kolza

菜種

meyve ağacı

果樹

manyok

キャッサバ

hububat

穀物

baca
煙突

çatı
屋根

yağmur oluğu
排水管

pencere
窓

garaj
車庫

kapı zili
呼び鈴

kapı
ドア

çöp kutusu
ゴミ箱

posta kutusu
郵便受け

bahçe
庭

oturma odası
リビングルーム

banyo
浴室

mutfak
台所

yatak odası
寝室

çocuk odası
子供部屋

yemek odası
ダイニング・ルーム

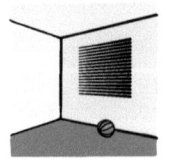

zemin

床

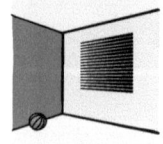

duvar

壁

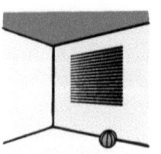

tavan

天井

kiler

地下貯蔵庫

sauna

サウナ

balkon

バルコニー

teras

テラス

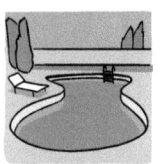

havuz

プール

çim biçme makinesi

芝刈り機

çarşaf

シーツ

yatak örtüsü

ベッドカバー

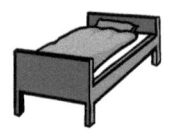

yatak

ベッド

süpürge

ほうき

kova

バケツ

anahtar

スイッチ

oturma odası
リビングルーム

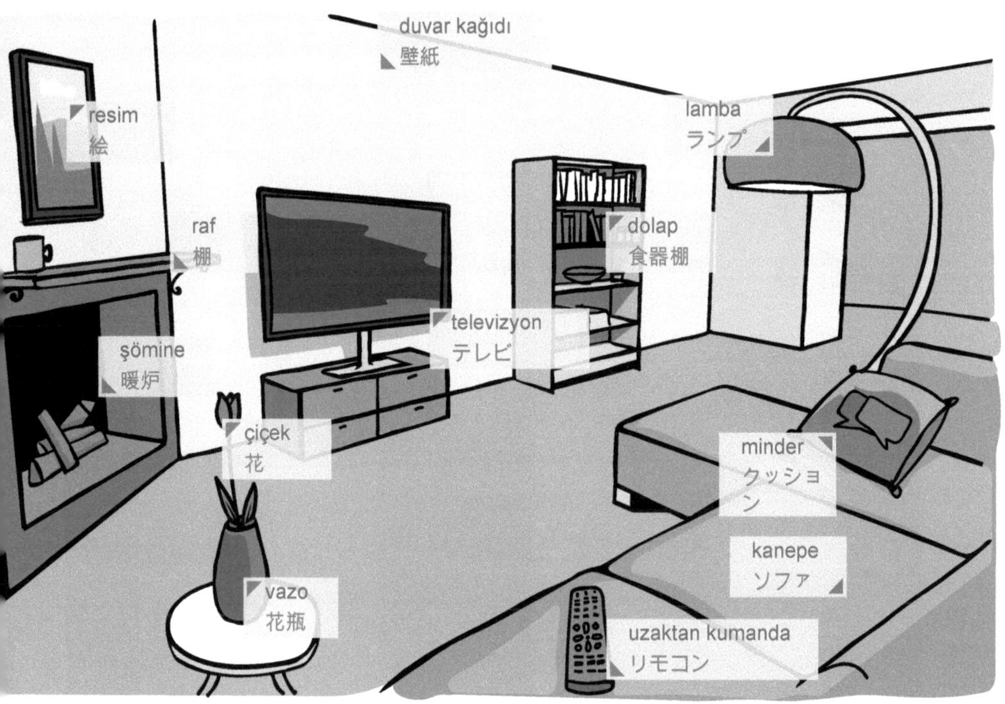
duvar kağıdı
壁紙
resim
絵
lamba
ランプ
raf
棚
dolap
食器棚
televizyon
テレビ
şömine
暖炉
çiçek
花
minder
クッション
kanepe
ソファ
vazo
花瓶
uzaktan kumanda
リモコン

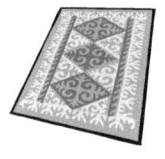

halı
カーペット

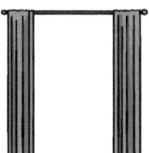

perde
カーテン

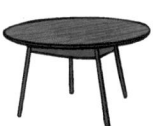

masa
テーブル

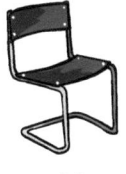

sandalye
椅子

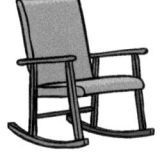

salıncaklı koltuk
ロッキングチェア

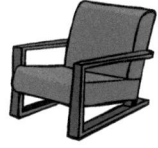

koltuk
ひじ掛け椅子

kitap
本

battaniye
毛布

dekor
飾り

odun
たきぎ

film
映画

hi-fi
ステレオ

anahtar
鍵

gazete
新聞

tablo
絵画

poster
ポスター

radyo
ラジオ

defter
メモ帳

elektrikli süpürge
掃除機

kaktüs
サボテン

mum
ろうそく

mutfak

台所

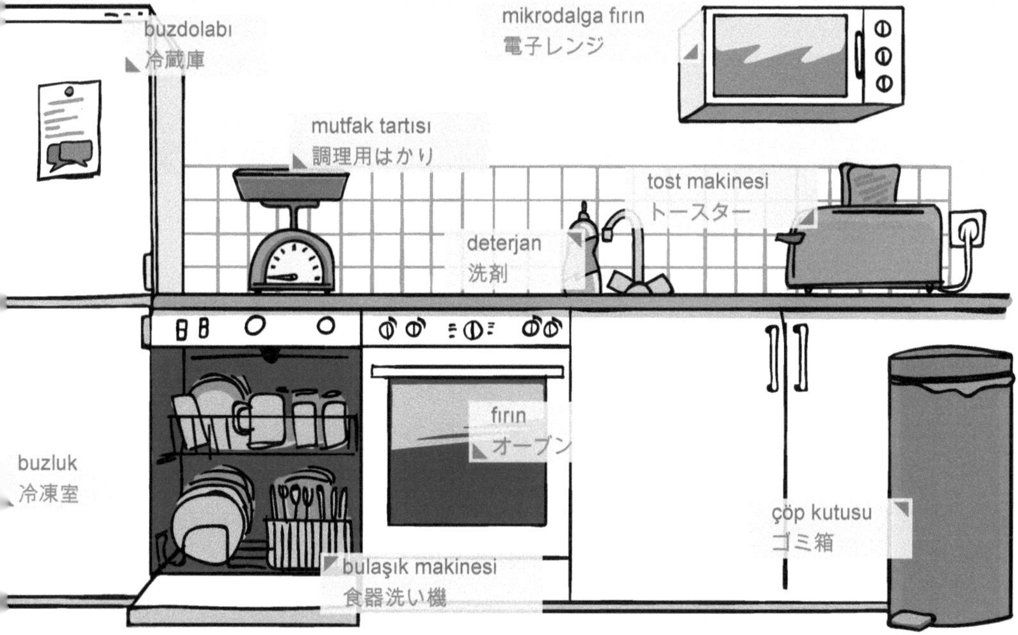

buzdolabı
冷蔵庫
mikrodalga fırın
電子レンジ
mutfak tartısı
調理用はかり
tost makinesi
トースター
deterjan
洗剤
fırın
オーブン
buzluk
冷凍室
çöp kutusu
ゴミ箱
bulaşık makinesi
食器洗い機

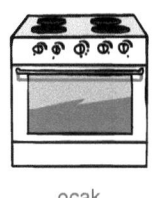

ocak

こんろ

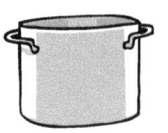

tencere

鍋

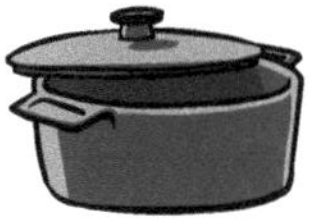

döküm tencere

鉄鍋

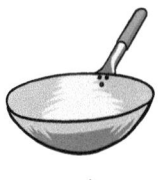

wok

中華鍋/ カダイ鍋

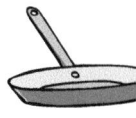

tava

フライパン

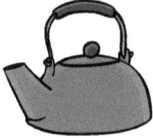

su ısıtıcı

やかん

buharlı pişirici

蒸し器

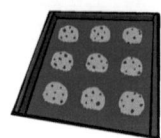

pişirme tepsisi

天板

tabak takımı

食器

kupa

マグカップ

kase

ボウル

çubuk (çin yemeği)

箸

kepçe

おたま

spatula

へら

çırpma teli

泡立て器

süzgeç

こし器

elek

ふるい

rende

すりおろし器

havan

すり鉢

barbekü

バーベキュー

açık ateş

かまど

kesme tahtası

まな板

merdane

麺棒

tirbüşon

栓抜き

konserve kutusu

缶

konserve açacağı

缶切り

fırın eldiveni

鍋つかみ

evye

流し

fırça

ブラシ

sünger

スポンジ

blender

ミキサー

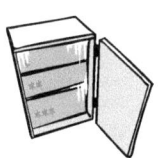

derin dondurucu

冷凍庫

biberon

哺乳瓶

musluk

蛇口

banyo

浴室

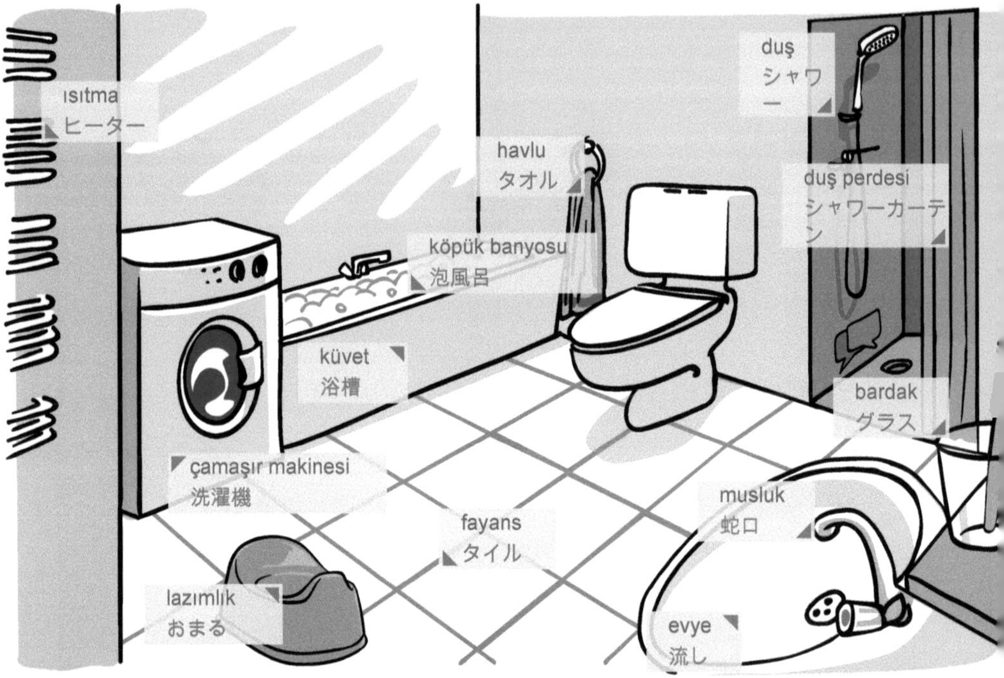

ısıtma
ヒーター
havlu
タオル
duş
シャワー
duş perdesi
シャワーカーテン
köpük banyosu
泡風呂
küvet
浴槽
bardak
グラス
çamaşır makinesi
洗濯機
musluk
蛇口
fayans
タイル
lazımlık
おまる
evye
流し

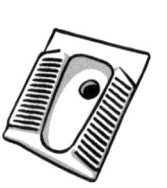

tuvalet

トイレ

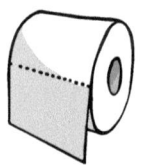

alaturka tuvalet

和式トイレ

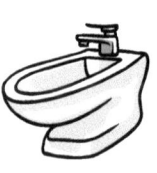

bide

ビデ

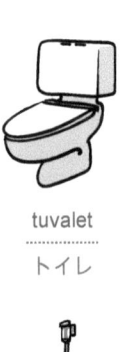

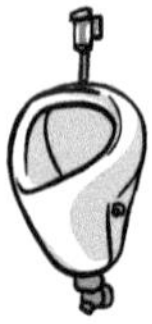

pisuvar

小便器

tuvalet kağıdı

トイレットペーパー

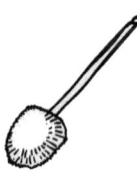

tuvalet fırçası

トイレブラシ

diş fırçası

歯ブラシ

diş macunu

歯みがき

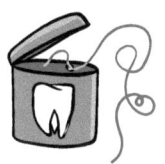

diş ipi

デンタルフロス

yıkamak

洗う

duş başlığı

シャワーヘッド

duş başlığı şeklinde taharet musluğu

ハンドビデ

küvet

洗面台

banyo fırçası

ボディブラシ

sabun

石鹸

duş jeli

シャワー用ジェル

şampuan

シャンプー

banyo lifi

浴用タオル

gider

排水口

krem

クリーム

deodorant

消臭

ayna
鏡

el aynası
手鏡

jilet
かみそり

tıraş köpüğü
シェービング・フォーム

tıraş losyonu
アフターシェーブローショ
ン

tarak
櫛

fırça
ブラシ

saç kurutma makinesi
ドライヤー

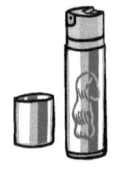

saç spreyi
ヘアスプレー

makyaj
化粧

ruj
口紅

tırnak cilası
マニキュア

pamuk
脱脂綿

tırnak makası
爪切り

parfüm
香水

makyaj çantası

洗面用具入れ

tabure

スツール

tartı

体重計

bornoz

バスローブ

lastik eldiven

ゴム手袋

tampon

タンポン

kadın pedi

生理用ナプキン

kimyevi tuvalet

ケミカルトイレ

çocuk odası

子供部屋

çalar saat
目覚まし時計
peluş oyuncak
ぬいぐるみ
oyuncak araba
おもちゃの自動車
çıngırak
ガらガら
bebek evi
ドール・ハウス
hediye
プレゼント

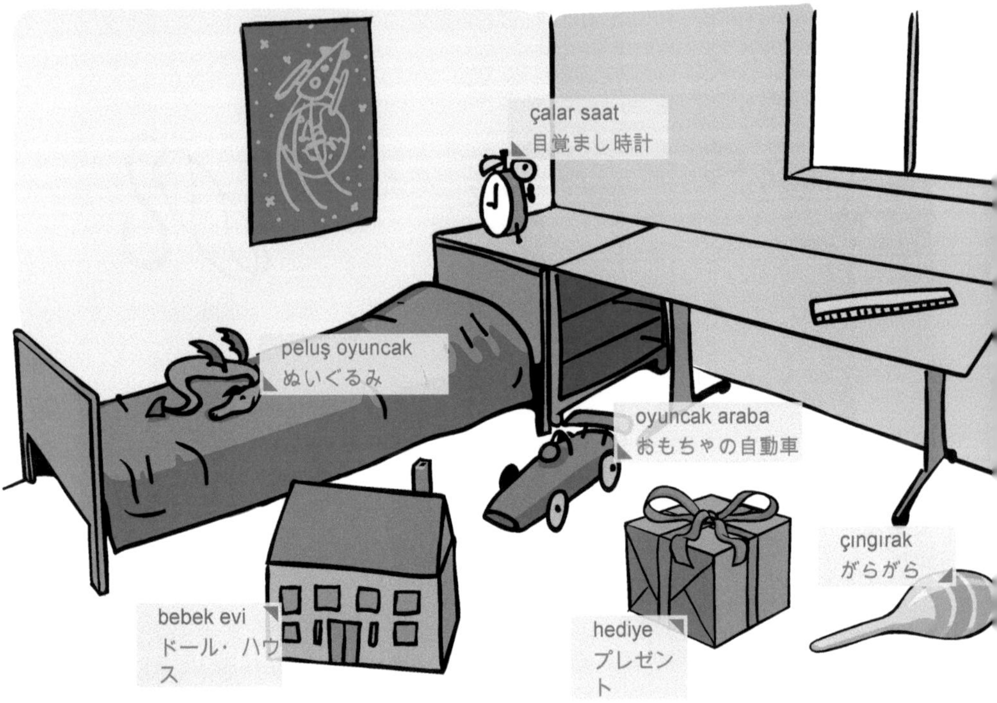

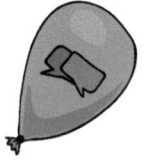

balon

風船

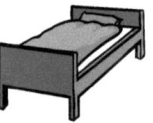

yatak

ベッド

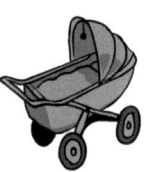

bebek arabası

ベビーカー

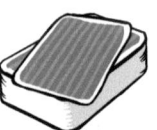

kart destesi

カードゲーム

yapboz

ジグソーパズル

SUPER MEGA

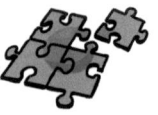

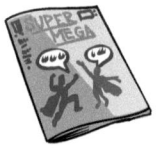

çizgi roman

漫画

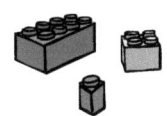

lego tuğlaları

レゴ

lego blokları

玩具ブロック

aksiyon figürü

アクションフィギュア

zıbın

ロンパース

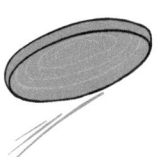

frizbi

フリスビー

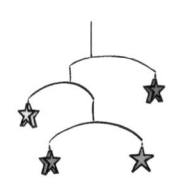

dönence

モバイル

masa oyunu

ボードゲーム

zar

さいころ

model tren seti

鉄道模型

emzik

おしゃぶり

parti

パーティー

resimli kitap

絵本

top

ボール

oyuncak bebek

人形

oynamak

遊ぶ

kum havuzu

砂場

salıncak

ブランコ

oyuncaklar

おもちゃ

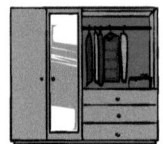

video oyun konsolu

ゲーム機

üç tekerlekli bisiklet

三輪車

oyuncak ayı

テディベア

gardırop

衣装ダンス

kıyafet

衣服

çorap

靴下

külotlu çorap

ストッキング

tayt

タイツ

eşarp
スカーフ

kemer
ベルト

şemsiye
雨傘

tişört
Tシャツ

bot
ブーツ

terlik
スリッパ

spor ayakkabı
スニーカー

sandalet
サンダル

ayakkabı
靴

lastik çizme
ゴム長靴

külot
パンツ

sütyen
ブラ

yelek
ベスト

kıyafet - 衣服

45

dar bluz

ボディースーツ

pantolon

ズボン

kot pantolon

ジーンズ

etek

スカート

bluz

ブラウス

gömlek

シャツ

kazak

セーター

süveter

パーカー

blazer

ブレザー

ceket

ジャケット

mont

コート

yağmurluk

レインコート

kostüm

服装

elbise

ドレス

gelinlik

ウェディングドレス

takım elbise

スーツ

gecelik

ナイトガウン

pijama

パジャマ

sari

サリー

baş örtüsü

ヘッドスカーフ

türban

ターバン

burka

ブルカ

kaftan

カフタン

çarşaf

アバヤ

mayo

水着

erkek mayosu

トランクス

şort

半ズボン

eşofman

スウェットスーツ

önlük

エプロン

eldiven

手袋

düğme
ボタン

gözlük
メガネ

bilezik
ブレスレット

kolye
ネックレス

yüzük
指輪

küpe
イヤリング

kep
帽子

portmanto
ハンガー

şapka
帽子

kravat
ネクタイ

fermuar
ファスナー

kask
ヘルメット

pantolon askısı
サスペンダー

okul forması
制服

üniforma
ユニフォーム

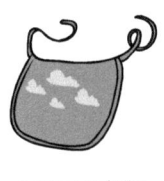

mama önlüğü

よだれかけ

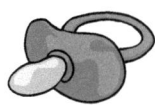

emzik

おしゃぶり

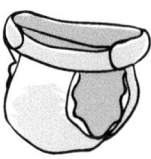

bebek bezi

おむつ

ofis

オフィス

sunucu
サーバ
dosya dolabı
書類キャビネット
kağıt
紙
yazıcı
プリンター
monitör
モニター
masa
事務机
fare
マウス
klasör
フォルダー
klavye
キーボード
kağıt çöp kutusu
ごみ箱
sandalye
椅子
bilgisayar
コンピューター

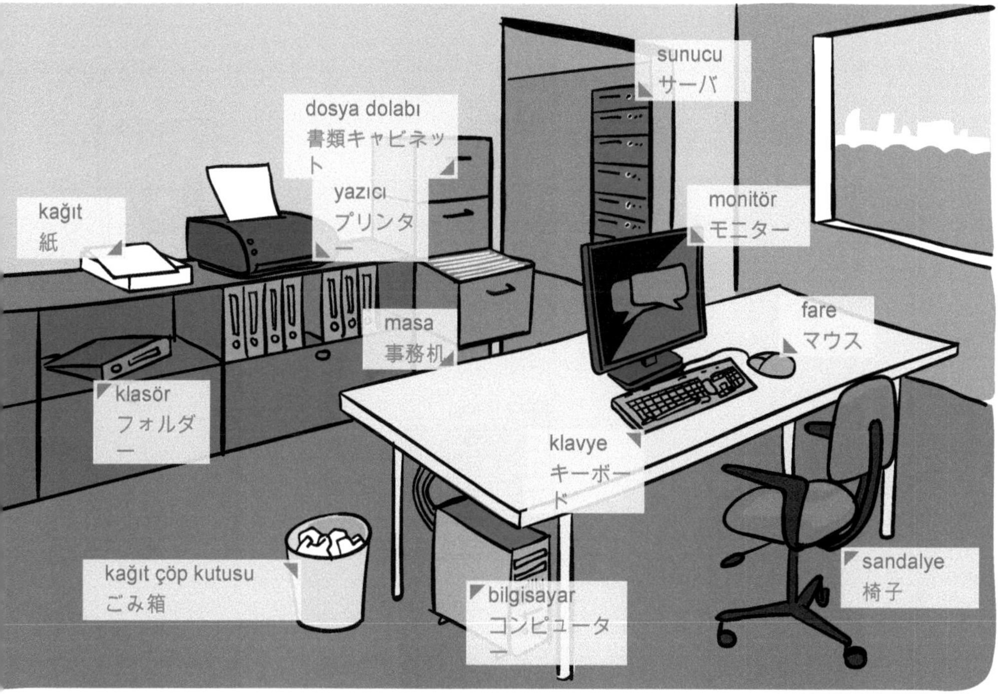

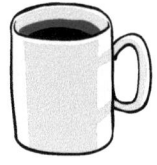

kahve fincanı

コーヒーマグ

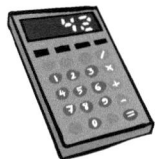

hesap makinesi

計算機

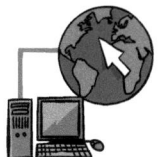

internet

インターネット

dizüstü

ラップトップ

mektup

手紙

mesaj

メッセージ

cep telefonu

携帯電話

ağ

ネットワーク

fotokopi makinesi

コピー機

yazılım

ソフトウェア

telefon

電話

priz

コンセント

faks makinesi

ファックス

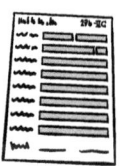

form

フォーム

belge

書類

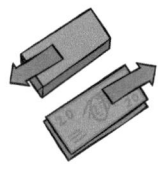

satın almak
買う

ödemek
支払う

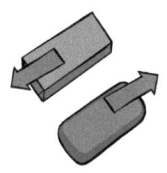

ticaret yapmak
取引する

para
お金

 **USD**

dolar
ドル

 **EUR**

avro
ユーロ

 **JPY**

yen
円

 **RUB**

ruble
ルーブル

 **CHF**

İsviçre frangı
スイスフラン

 **CNY**

Çin yuanı
人民元

 **INR**

rupi
ルピー

kasa
キャッシュポイント

döviz bürosu

両替所

altın

金

gümüş

銀

petrol

油

enerji

エネルギー

fiyat

価格

kontrat

契約

vergi

税金

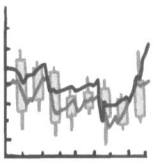

menkul değer

株

çalışmak

働く

işveren

従業員

işçi

雇用主

fabrika

工場

mağaza

ショップ

polis memuru
警察官

itfaiyeci
消防士

aşçı
コック

doktor
医師

pilot
パイロット

bahçıvan
庭師

marangoz
大工

terzi
お針子

hakim
裁判官

kimyager
化学者

aktör
俳優

otobüs şoförü

バスの運転手

taksi şoförü

タクシー運転手

balıkçı

漁師

temizlikçi

掃除婦

çatı ustası

屋根ふき職人

garson

ウェイター

avcı

ハンター

boyacı

塗装工

fırıncı

パン屋

elektrikçi

電気工

inşaatçı

建設作業員

mühendis

エンジニア

kasap

肉屋

muslukçu

配管工

postacı

郵便配達人

asker

軍人

mimar

建築家

kasiyer

レジ係

çiçekçi

花屋

kuaför

美容師

kondüktör

車掌

tamirci

機械工

kaptan

キャプテン

dişçi

歯科医

bilim insanı

科学者

haham

ラビ

imam

イスラム導師

keşiş

修道士

rahip

牧師

aletler
道具

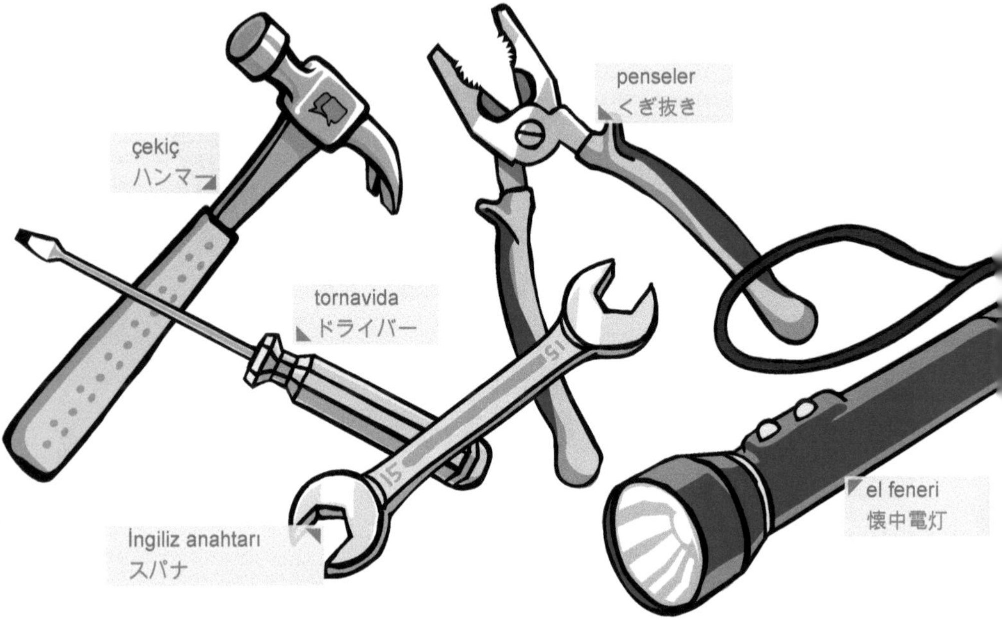
penseler
くぎ抜き
çekiç
ハンマー
tornavida
ドライバー
el feneri
懐中電灯
İngiliz anahtarı
スパナ

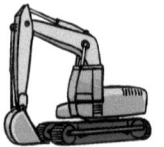

kazı makinesi

掘削機

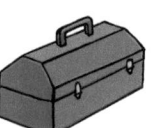

alet çantası

道具箱

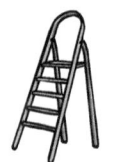

merdiven

はしご

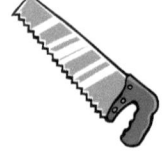

testere

のこぎり

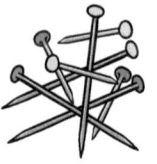

çiviler

釘

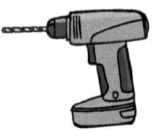

matkap

ドリル

tamir etmek

修理する

kürek

シャベル

Kahretsin!

クソ！

faraş

ちりとり

boya tenekesi

ペンキ缶

vidalar

ネジ

müzik enstrümanı

楽器

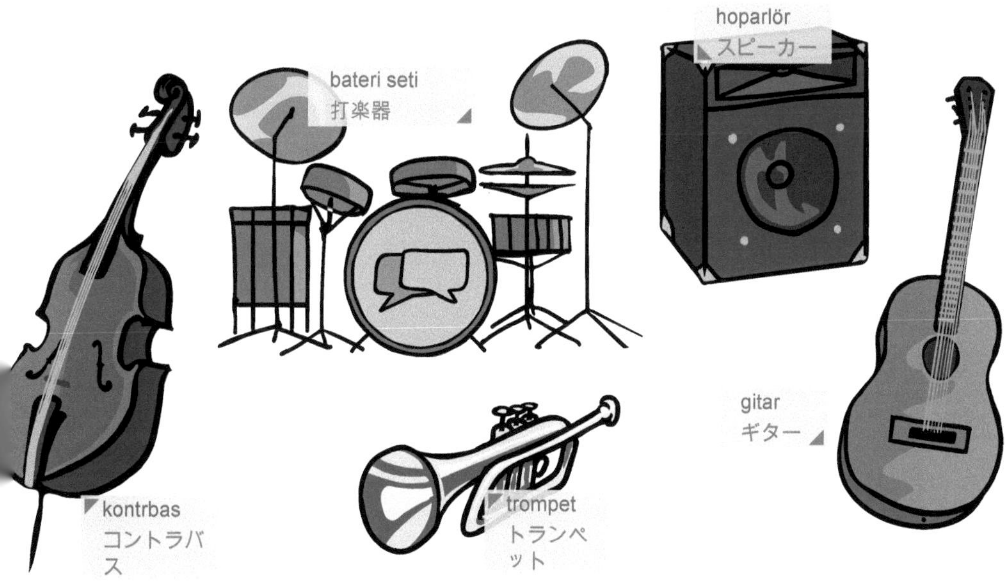

bateri seti
打楽器

hoparlör
スピーカー

gitar
ギター

kontrbas
コントラバ
ス

trompet
トランペ
ット

piyano

ピアノ

keman

バイオリン

basgitar

バス

timpani

ティンパニ

bateri

ドラム

klavye

キーボード

saksafon

サックス

flüt

フルート

mikrofon

マイクロフォン

hayvanat bahçesi
動物園

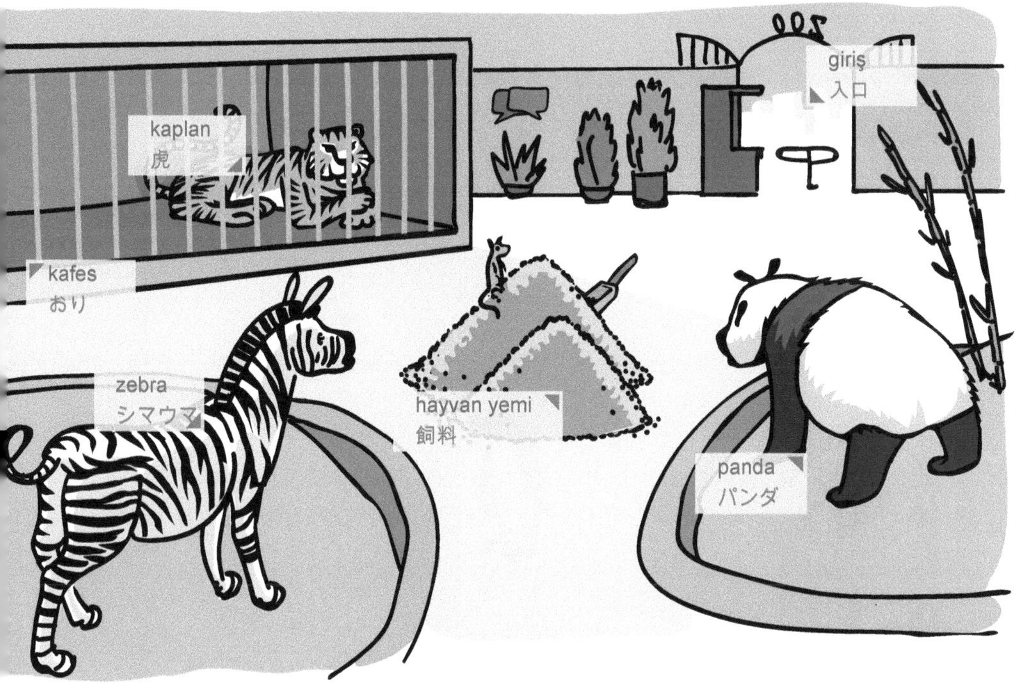

giriş
入口
kaplan
虎
kafes
おり
zebra
シマウマ
hayvan yemi
飼料
panda
パンダ

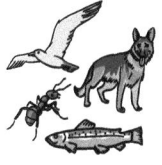

hayvanlar
動物

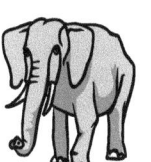

fil
象

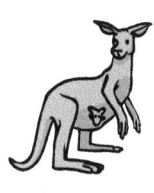

kanguru
カンガルー

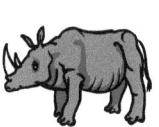

gergedan
サイ

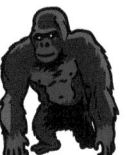

goril
ゴリラ

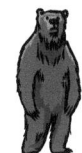

ayı
熊

deve

ラクダ

deve kuşu

ダチョウ

aslan

ライオン

maymun

猿

flamingo

フラミンゴ

papağan

オウム

kutup ayısı

白クマ

penguen

ペンギン

köpek balığı

サメ

tavus kuşu

クジャク

yılan

蛇

timsah

ワニ

hayvanat bahçesi görevlisi

飼育係

fok

アザラシ

jaguar

ジャガー

midilli atı

ポニー

leopar

ヒョウ

su aygırı

カバ

zürafa

キリン

kartal

鷲

yaban domuzu

雄豚

balık

魚

kaplumbağa

亀

mors

セイウチ

tilki

狐

ceylan

ガゼル

amerikan futbolu
アメフト

bisiklete binme
サイクリング

tenis
テニス

basketbol
バスケットボ
ール

yüzme
水泳

boks
ボクシン
グ

buz hokeyi
アイスホッケ
ー

futbol
サッカー

badminton
バドミントン

atletizm
陸上競技

hentbol
ハンドボール

kayak
スキー

polo
ポロ

atlamak
跳ぶ

sarılmak
抱きしめる

gülmek
笑う

söylemek
歌う

yürümek
歩く

dua etmek
祈る

öpmek
キス

hayal etmek
夢見る

yazmak
書く

çizmek
描く

göstermek
示す

itmek
押す

vermek
与える

almak
取る

sahip olmak

持っている

yapmak

する

olmak

ある

ayakta durmak

立つ

koşmak

走る

çekmek

引く

atmak

投げる

düşmek

落ちる

yalan söylemek

横たわっている

beklemek

待つ

taşımak

運ぶ

oturmak

座る

giyinmek

着る

uyumak

眠る

uyanmak

目が覚める

bakmak
見る

ağlamak
泣く

vurmak
なでる

taramak
櫛ですく

konuşmak
話す

anlamak
理解する

sormak
質問する

dinlemek
聞く

içmek
飲む

yemek
食べる

düzenlemek
片づける

sevmek
愛する

pişirmek
料理する

sürmek
運転する

uçmak
飛ぶ

denize açılmak

ヨットに乗る

hesapla

計算する

okumak

読む

öğrenmek

学ぶ

çalışmak

働く

evlenmek

結婚する

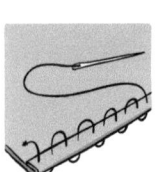

dikmek

縫う

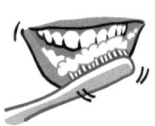

diş fırçalamak

歯を磨く

öldürmek

殺す

sigara içmek

喫煙する

yollamak

送る

büyükanne
祖母

büyükbaba
祖父

baba
父

anne
母

bebek
赤ん坊

kız
娘

oğul
息子

misafir

お客様

teyze

おば

amca

おじ

erkek kardeş

兄弟

kız kardeş

姉妹

vücut
体

alın
ひたい
göz
目
yüz
顔
çene
あご
göğüs
胸
parmak
指
el
手
kol
腕
omuz
肩
bacak
脚

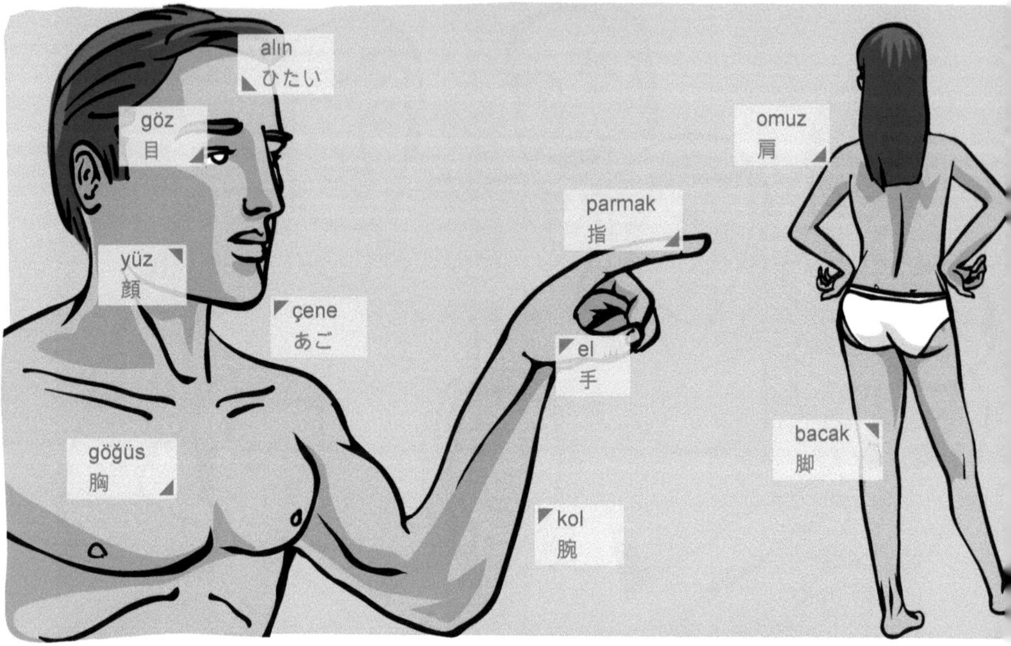

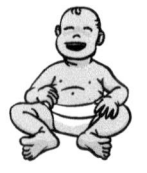

bebek
赤ん坊

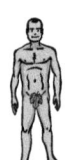

adam
男性

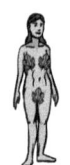

kadın
女性

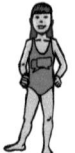

kız
少女

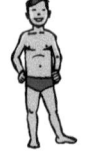

erkek çocuk
少年

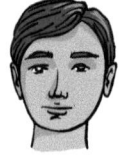

baş
頭

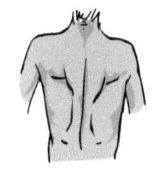

sırt

背中

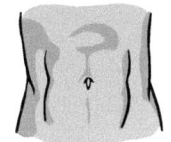

karın

腹

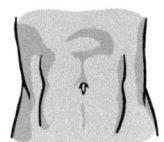

göbek

へそ

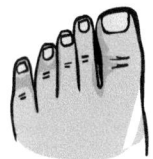

ayak parmağı

足指

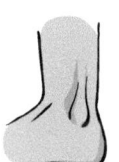

topuk

かかと

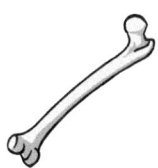

kemik

骨

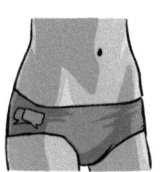

kalça

腰

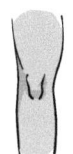

diz

ひざ

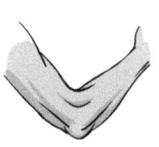

dirsek

ひじ

burun

鼻

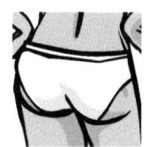

kalça

尻

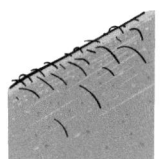

deri

皮膚

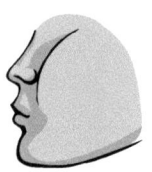

yanak

頬

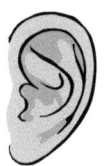

kulak

耳

dudak

唇

ağız
口

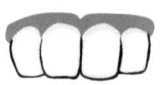

diş
歯

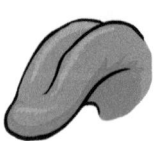

dil
舌

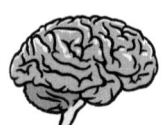

beyin
脳

kalp
心臓

kas
筋肉

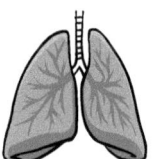

akciğer
肺

karaciğer
肝臓

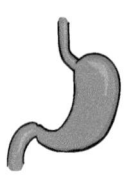

mide
胃

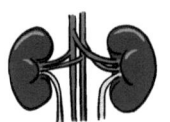

böbrekler
腎臓

seks
セックス

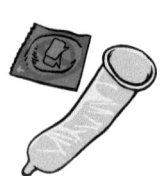

prezervatif
コンドーム

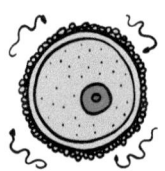

yumurtalık
卵細胞

sperm
精液

hamilelik
妊娠

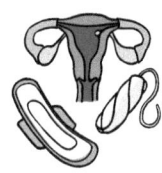

regl

月経

vajina

膣

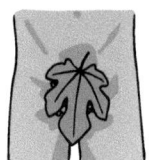

penis

ペニス

kaş

眉

saç

髪

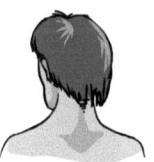

boyun

首

hastane

病院

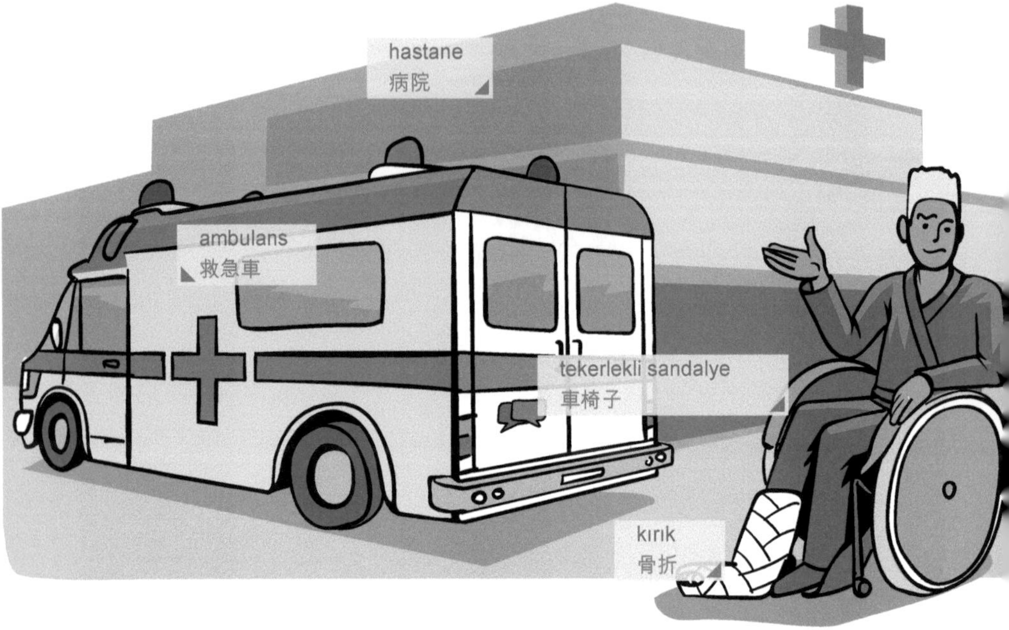

hastane
病院
ambulans
救急車
tekerlekli sandalye
車椅子
kırık
骨折

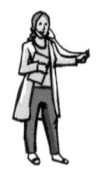

doktor

医師

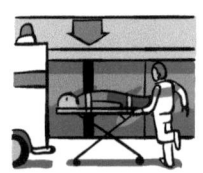

acil servis

救急治療室

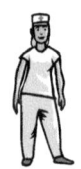

hemşire

看護師

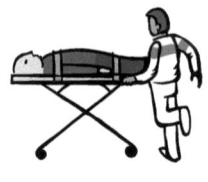

acil

救急

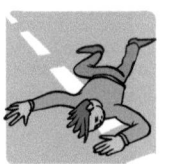

baygın

失神

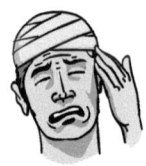

acı

痛み

yaralanma

けが

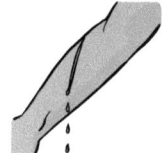

kanama

出血

kalp krizi

心臓発作

felç

脳卒中

alerji

アレルギー

öksürük

咳

ateş

熱

grip

インフルエンザ

ishal

下痢

baş ağrısı

頭痛

kanser

癌

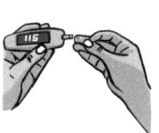

şeker hastalığı

糖尿病

cerrah

外科医

neşter

外科用メス

operasyon

手術

bilgisayarlı tomografi

CT

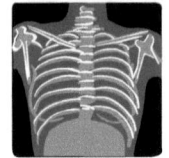

röntgen

レントゲン

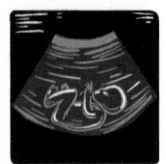

ultrason

超音波

yüz maskesi

マスク

hastalık

病気

bekleme odası

待合室

koltuk değneği

松葉づえ

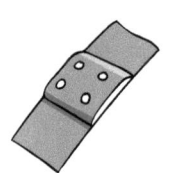

yara bandı

ばんそうこう

bandaj

包帯

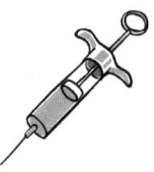

enjeksiyon

注射

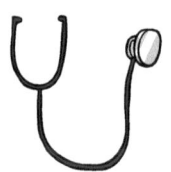

steteskop

聴診器

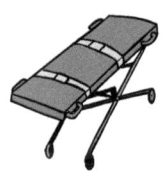

sedye

担架

tıbbi termometre

体温計

doğum

出産

fazla kilo

肥満

işitme cihazı

補聴器

dezenfektan

消毒剤

enfeksiyon

感染

virüs

ウイルス

HIV / AIDS

HIV / エイズ

ilaç

内服薬

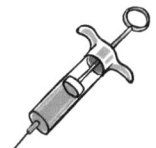

aşı

予防接種

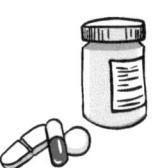

tablet

錠剤

hap

ピル

acil çağrı

緊急電話

tansiyon aleti

血圧計

hasta / sağlıklı

病気の　/　健康な

İmdat!
助けて！

alarm
アラーム

darp
暴行

saldırı
攻撃

tehlike
危険

acil çıkış
非常口

Yangın!
火事だ！

yangın tüpü
消火器

kaza
事故

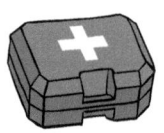

ilk yardım çantası
救急箱

imdat
SOS

polis
警察

Avrupa

ヨーロッパ

Kuzey Amerika

北米

Güney amerika

南米

Afrika

アフリカ

Asya

アジア

Avustralya

オーストラリア

Atlantik

大西洋

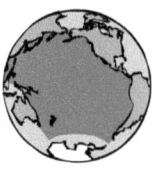

Pasifik

太平洋

Hint Okyanusu

インド洋

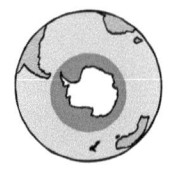

Antarktika Okyanusu

南極海

Arktik Okyanusu

北極海

Kuzey Kutbu

北極

Güney Kutbu

南極

Antarktika

南極大陸

dünya

地球

kara

陸

deniz

海

ada

島

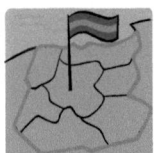

ulus

国家

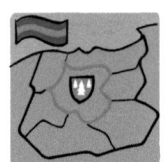

ülke

国家

kadran

文字盤

akrep

短針

yelkovan

長針

saniye ibresi

秒針

Saat kaç?

何時ですか？

gün

日

zaman

時間

şimdi

現在

dijital saat

デジタル時計

dakika

分

saat

時間

Pazartesi
月曜

Çarşamba
水曜

Cuma
金曜

Salı
火曜

Cumartesi
土曜

Perşembe
木曜

Pazar
日曜

MO TU W TH FR SA SO

dün
昨日

bugün
今日

yarın
明日

sabah
朝

öğle
昼

akşam
夜

iş günleri
営業日

hafta sonu
週末

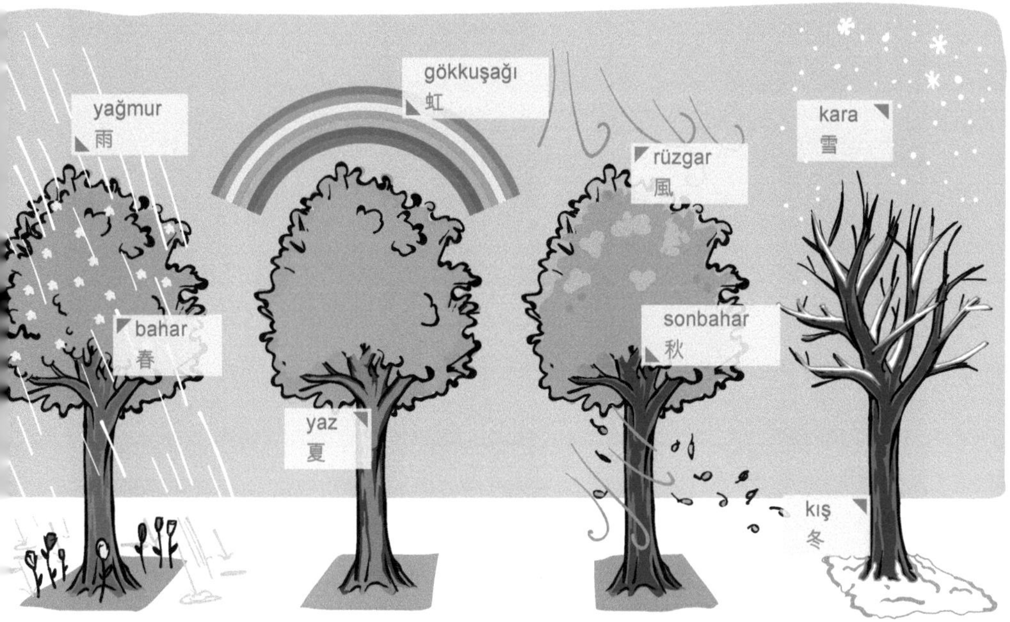

yağmur
雨

gökkuşağı
虹

rüzgar
風

kara
雪

bahar
春

yaz
夏

sonbahar
秋

kış
冬

4.APRIL	11°	☀
5.APRIL	4°	☁
6.APRIL	13°	☂
7.APRIL	8°	☀
8.APRIL	10°	☀

hava durumu tahmini

天気予報

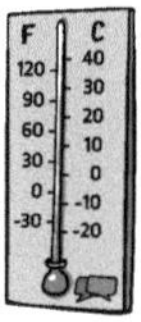

termometre

温度計

güneş ışığı

日差し

bulut

雲

sis

霧

nem

湿度

şimşek

雷

gök gürültüsü

雷

fırtına

嵐

dolu

ひょう

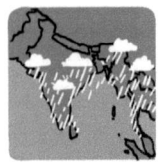

muson

季節風

sel

洪水

buz

氷

Ocak

1月

Şubat

2月

Mart

3月

Nisan

4月

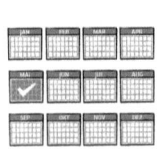

Mayıs

5月

Haziran

6月

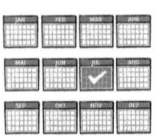

Temmuz

7月

Ağustos

8月

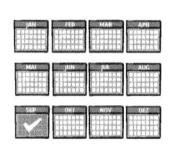

Eylül
....
9月

Ekim
....
10月

Kasım
....
11月

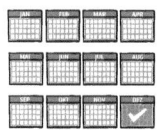

Aralık
....
12月

daire
....
円

kare
....
正方形

dikdörtgen
....
長方形

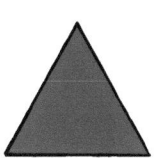

üçgen
....
三角

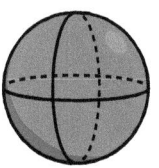

küre
....
球

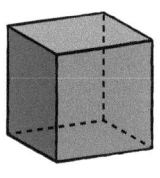

küp
....
立方体

beyaz

白

sarı

黄

turuncu

オレンジ

pembe

ピンク

kırmızı

赤

mor

紫

mavi

青

yeşil

緑

kahverengi

茶

gri

灰色

siyah

黒

çok / az

多い / 少ない

kızgın / sakin

怒っている /
落ち着いている

güzel / çirkin

美しい / 醜い

başlangıç / son

初め / 終わり

büyük / küçük

大きい / 小さい

parlak / karanlık

明るい / 暗い

rkek kardeş / kız kardeş

兄弟 / 姉妹

temiz / kirli

清潔な / 汚い

tamam / eksik

完全な / 不完全な

gün / gece

日中 / 夜

ölü / canlı

死んだ / 生きている

geniş / dar

幅広い / 狭い

yenilebilir / yenilemez

食べられる / 食べられない

kötü / iyi

悪意のある / 親切な

heyecanlı / sıkılmış

興奮している / 退屈している

şişman / zayıf

太った / 痩せた

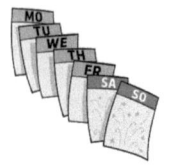

ilk / son

最初に / 最後に

dost / düşman

友人 / 敵

dolu / boş

いっぱいの / 空の

sert / yumuşak

硬い / 柔らかい

ağır / hafif

重い / 軽い

açlık / susuzluk

空腹 / 喉の渇き

hasta / sağlıklı

病気の / 健康な

yasa dışı / yasal

違法な / 合法な

zeki / aptal

賢い / 愚かな

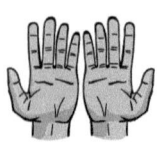

sol / sağ

左に / 右に

yakın / uzak

近い / 遠い

zıt anlamlılar - 反対

yeni / kullanılmış

新しい / 中古の

hiçbir şey / bir şey

何もない / 何かある

yaşlı / genç

老いた / 若い

açma / kapama

オン / オフ

açık / kapalı

開いている /
閉まっている

sessiz / gürültülü

静かな / うるさい

zengin / fakir

裕福な / 貧乏な

doğru / yanlış

正しい / 間違っている

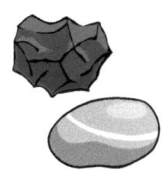

pürüzlü / düz

粗い / なめらか

üzgün / mutlu

悲しい / 幸せな

kısa / uzun

短い / 長い

yavaş / hızlı

ゆっくり / 速い

ıslak / kuru

濡れた / 乾いた

sıcak / serin

温かい / 冷たい

savaş / barış

戦争 / 平和

zıt anlamlılar - 反対　　　　　87

sayılar

0

sıfır

ゼロ

1

bir

1

2

iki

2

3

üç

3

4

dört

4

5

beş

5

6

altı

6

7

yedi

7

8

sekiz

8

9

dokuz

9

10

on

10

11

on bir

11

12

on iki

12

13

on üç

13

14

on dört

14

15

on beş

15

16

on altı

16

17

on yedi

17

18

on sekiz

18

19

on dokuz

19

20

yirmi

20

100

yüz

100

1.000

bin

1000

1.000.000

milyon

100万

İngilizce

英語

Amerikan İngilizcesi

アメリカ英語

Çince (Mandarin)

中国標準語

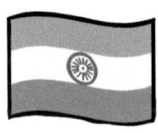

Hintçe

ヒンディー語

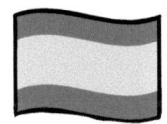

İspanyolca

スペイン語

Fransızca

フランス語

Arapça

アラビア語

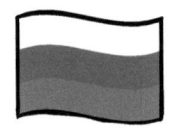

Rusça

ロシア語

Portekizce

ポルトガル語

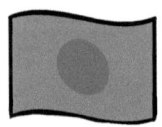

Bengalce

ベンガル語

Almanca

ドイツ語

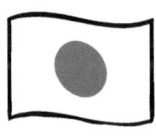

Japonca

日本語

ben
私

sen
あなた

o
彼 / 彼女 / それ

biz
私たち

siz
あなたたち

onlar
彼ら

kim?
誰？

ne?
何？

nasıl?
どうやって？

nerede?
どこ？

ne zaman?
いつ？

isim
名前

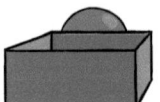

arkasında

後ろ

içinde

中

önünde

前

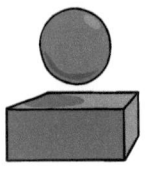

üzerinde

上

üstünde

上

altında

下

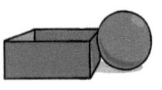

yanında

横

arasında

間

yer

場所